KB094665

영어 구구단

+파닉스

8

조동사

아빠표 영어 구구단 2단, 6단을 익힌 뒤에
8단을 익히는 것을 추천합니다.

★ 시작하기 전에

앞으로 '줄 것이다'는 will give,
'줄 수 있다'는 can give임을 알려주고
하루~일주일 동안 수시로 반복해서 물어보세요.

예시) 주다가 give면 줄 것이다는?:
will give (윌 기브)
주다가 give면 줄 수 있다는?:
can give (캔 기브)

함께 고생한 딸
루나에게 감사드립니다

책을 집필할 수 있도록
다하를 봐주신 부모님과
어린이집 선생님들께 감사드립니다

Miklish.COM

# ³나는 그 열쇠를 준다는?

I give the key.

1 (앞으로 할 행동은 'will'을 붙여. '줄 것이다'는 will give야. 따라 해봐) '주다'가 give면 '줄 것이다'는? (will give)

2 '나는 줄 것이다'는? (I will give)

# ³나는 그 열쇠를 줄 것이다는?

**will:** 앞으로 '~할 것이다'라는 현재의 의지, 다짐을 말할 때 앞에 will을 써. 이 책에서는 사진의 모서리를 둥글게 하고, 뿌옇게 해서 표현했어.

# I will give the key.

1 '나는 보낸다'는? (I send)
2 '편지'가 letter면 '그 편지'는? (the letter)

# ³나는 그 편지를 보낸다는?

# I send the letter.

일반동사/will+일반동사        will+일반동사         s발음/sh발음              can+일반동사/z발음/dʒ발음

1 ('보낼 것이다'는 will send야. 따라 해봐) '보낸다'가 send면 '보낼 것이다'는?
2 '나는 보낼 것이다'는? (I will send)
3 '편지'가 letter이면 '그 편지들'은? (the letters)

# ⁴나는 그 편지들을 보낼 것이다는?

그 편지가 한 개면 the letter, 그 편지가 여러 개면 the letters야.

I will send the letters.

1 '가져간다'가 take면 '가져갈 것이다'는? (will take)
2 '나는 가져갈 것이다'는? (I will take)
3 '소녀'가 girl이면 '그 소녀'는? (the girl)

# 4 나는 그 소녀를 데려갈 것이다는?

앞으로 '~할 것이다'라는 현재의 의지, 다짐을 말할 때 앞에 will을 써. 이 책에서는 사진의 모서리를 둥글게 하고, 배경을 뿌옇게 해서 표현했어.

I will take the girl.

1 '놀다'가 play면 '놀 것이다'는? (will play)
2 '나는 놀 것이다'는? (I will play)
3 '게임'이 game이면 '그 게임'은? (the game)

# ⁴나는 그 게임으로 놀 것이다는?

'아이 윌(I will)'은 주로 빠르게 발음돼서 '아윌'이나 '아일(I'll)'로 발음해. 그렇게 발음해도 좋아.

# I will play the game.

1 '만들다'가 make면 '만들 것이다'는? (will make)
2 '나는 만들 것이다'는? (I will make)
3 '단어'가 word면 '그 단어'는? (the word)

# 4나는 그 단어를 만들 것이다는?

I will make the word.

1 '돕다'가 help면 '도울 것이다'는? (will help)
2 '나는 도울 것이다'는? (I will help)
3 '그들이'는 'they'지만 '그들을'은 them이야. (따라 해봐 them) / '그들을'은? (them)

# ⁴나는 그들을 도울 것이다는?

# I will help them.

everything/nothing          something/anything          be동사/will+be동사          will be/can be    11

1 '열다'가 open이면 '열 것이다'는? (will open)
2 '나는 열 것이다'는? (I will open)
3 '창문'이 window면 '그 창문'은? (the window)

# ⁴나는 그 창문을 열 것이다는?

# I will open the window.

일반동사/will+일반동사　　　will+일반동사　　　s발음/sh발음　　　can+일반동사/z발음/dʒ발음

1 '닫는다'가 close면 '닫을 것이다'는? (will close)
2 '나는 닫을 것이다'는? (I will close)
3 '문'이 door면 '그 문'은? (the door)

# ⁴너는 그 문을 닫을 것이다는?

# You will close the door.

1 '마시다'가 drink면 '마실 것이다'는? (will drink)
2 '나는 마실 것이다'는? (I will drink)

# ³나는 그것을 마실 것이다는?

it은 위치에 따라 형태가 바뀌지 않고, '누가(주어)' 자리에서는 '그것은'이고, '무엇을(목적어)' 자리에서는 '그것을'이야.

I will drink it.

일반동사/will+일반동사          will+일반동사          s발음/sh발음          can+일반동사/z발음/dʒ발음

1 '찾는다'가 find면 '찾을 것이다'는? (will find)
2 '그녀는 찾을 것이다'는? (She will find)
'나'는 I지만, '누가-한다-무엇을'에서 '무엇을' 자리에 쓰이면 me(나를)로 바뀌는 것처럼, 그 남자(he)도 '무엇을' 자리에서는 him(그를)으로 바뀌어.

# <sup>3</sup> 그녀는 그를 찾을 것이다는?

3인칭 단수(여기에서는 she)일 때에도 will 다음에는 -s를 붙이지 않아. she will finds가 아니라 she will find가 맞아.

# She will find him.

1 '노래하다'가 sing이면 '노래할 것이다'는? (will sing)
2 '나는 노래할 것이다'는? (I will sing)
3 '노래'가 song이면 '그 노래'는? (the song)

# [4]나는 그 노래를 부를 것이다는?

s는 ㅆ이나 ㅅ으로 소리 낸다. 강세가 붙으면 주로 ㅆ에 가깝게 소리 나며, 평소에는 ㅅ과 ㅆ의 중간 정도의 소리이다.

## I will sing the song.

일반동사/will+일반동사　　　　will+일반동사　　　　s발음/sh발음　　　　can+일반동사/z발음/dʒ발음

1 '꽉 닫는다'가 shut이면 '꽉 닫을 것이다'는? (will shut)
2 '그녀는 꽉 닫을 것이다'는? (She will shut)
3 '가게'가 shop이면 '그 가게'는? (the shop)

# <sup>4</sup>그녀는 그 가게를 꽉 닫을 것이다는?

sh는 '쉬'로 소리 낸다. 발음기호는 ʃ.

# She will shut the shop.

1 '놀라게 하다'가 surprise면 '놀라게 할 것이다'는? (will surprise)
2 '그는 놀라게 할 것이다'는? (He will surprise)
3 '여동생'이 sister이면 '나의 여동생'은? (my sister)

# ⁴그는 나의 여동생을 놀라게 할 것이다는?

여동생도 sister, 언니도 sister야. 마찬가지로 남동생이나 형도 brother를 써. 구분하고 싶다면 older sister(누나), younger sister(여동생), older brother(형/오빠), younger brother(남동생).

# He will surprise my sister.

일반동사/will+일반동사　　　will+일반동사　　　s발음/sh발음　　　can+일반동사/z발음/dʒ발음

1 '보여준다'가 show면 '보여줄 것이다'는? (will show)
2 '그녀는 보여줄 것이다'는? (She will show)
3 '신발'이 shoe면 '그 신발들'은? (the shoes)

# ⁴그녀는 그 신발들을 보여줄 것이다는?

sh는 '쉬'로 소리 낸다. 발음기호는 ʃ.

## She will show the shoes.

1 '~할 수 있다'는 능력이나 가능성을 말할 때 can을 써. '펄쩍 뛴다'가 jump면 '펄쩍 뛸 수 있다'는 can jump. / '펄쩍 뛸 수 있다'는? (can jump)
2 '얼룩말'이 zebra면 '그 얼룩말'은? (the zebra)

# ³그 얼룩말은 펄쩍 뛸 수 있다는?

z는 많이 울리는 ㅈ, jump의 j는 '쥐'에서 시작하는 ㅈ과 ㅉ 사이의 발음. 발음기호에서는 dʒ.

# The zebra can jump.

일반동사/will+일반동사          will+일반동사          s발음/sh발음          can+일반동사/z발음/dʒ발음

1 '~할 수 있다'는 능력이나 가능성을 말할 때 can을 써. '함께 하다'가 join이면, '함께할 수 있다'는 can join. / '함께할 수 있다'는? (can join)
2 '아이'가 child면 '그 아이들'은? (the children)
3 '그 아이들은 함께할 수 있다'는? (The children can join)
4 '동물원'이 zoo면 '그 동물원'은? (the zoo)

# <sup>5</sup>그 아이들은 그 동물원에 함께할 수 있다는?

1단에서 배웠듯, 아이(child)가 여러 명이면 childs가 아니라 children을 써.

z는 많이 울리는 ㅈ, join의 j는 '쥐'에서 시작하는 ㅈ과 ㅉ 사이의 발음. 발음기호에서는 dʒ.

## The children can join the zoo.

1 '사다'가 buy면, '살 수 있다'는? (can buy)
2 '나는 살 수 있다'는? (I can buy)
3 '모든 것'은 everything이야. '모든 것'은? (everything)

# ⁴나는 모든 것을 살 수 있다는?

한 개씩 모든 것을 일컬을 때는 every를 쓰고, 모든 것을 싸잡아서(한 덩어리로) 이야기할 때는 all을 써.

## I can buy everything.

1 '말한다'가 say면, '말할 수 있다'는? (can say)
2 '그들은 말할 수 있다'는? (They can say)
3 '어떤 것도 없는 것'은 nothing이야. '어떤 것도 없음'은? (nothing)

# ⁴그들은 어떤 것도 말할 수 없다는?

부정문에서 자세하게 나오지만, no는 '아님'을 의미해. no와 thing이 합쳐져서 nothing이 되는 거야.

## They can say nothing.

1 '보다'가 see면, '볼 수 있다'는? (can see)
2 '그녀는 볼 수 있다'는? (She can see)
3 '확실히 있다고 생각되는 어떤 것'은 something이야. '어떤 것'은? (something)

# ⁴그녀는 어떤 것을 볼 수 있다는?

some은 확실히 있거나 있다고 생각될 때 써.

## She can see something.

1 '듣는다'가 hear이면, '들을 수 있다'는? (can hear)
2 '그는 들을 수 있다'는? (He can hear)
3 '있는지 없는지 확실하지 않은 어떤 것'은 anything을 써. '어떤 것'은? (anything)

# ⁴그는 어떤 것이든 들을 수 있다는?

**any는 있는지 없는지 명확하지 않을 때 써. '혹시라도'의 느낌이 들어있어.**

# He can hear anything.

1 '왕'이 king이면 '한 왕'은? (a king)
2 '나는 한 왕이다'는? (I'm a king)

# ³그는 한 왕이다는?

왕인 행동을 하는 것일까? 아니면 왕인 모습일까? (모습)

## He's a king.

일반동사/will+일반동사     will+일반동사     s발음/sh발음     can+일반동사/z발음/dʒ발음

1 ('그는 한 왕이다'가 He's a king이면),

# 그는 한 왕이 될 것이다는?

am, are, is의 원래 형태가 be야. will이나 can 다음에는 be만 사용할 수 있어.

## He will be a king.

1 '의사'가 doctor면 '의사들'은? (doctors)

# ²우리들은 의사들이다는?

## We're doctors.

일반동사/will+일반동사          will+일반동사          s발음/sh발음          can+일반동사/z발음/dʒ발음

# ² 그녀는 한 의사가 될 것이다는?

## She will be a doctor.

1 '문제'가 problem이면 '한 문제'는? (a problem)
2 '그것은 한 문제이다'는? (It's a problem)

# ³그것은 한 문제가 될 것이다는?

## It will be a problem.